Tu mundo

Exploremos los acuarios

Resta

Logan Avery

Asesora

Colene Van Brunt
Educadora de matemáticas
Escuelas Públicas del Condado de Hillsborough

Créditos de publicación

Rachelle Cracchiolo, M.S.Ed., *Editora comercial*
Conni Medina, M.A.Ed., *Redactora jefa*
Dona Herweck Rice, *Realizadora de la serie*
Emily R. Smith, M.A.Ed., *Realizadora de la serie*
Diana Kenney, M.A.Ed., NBCT, *Directora de contenido*
June Kikuchi, *Directora de contenido*
Caroline Gasca, M.S.Ed., *Editora superior*
Susan Daddis, M.A.Ed., *Editora*
Karen Malaska, M.Ed., *Editora*
Sam Morales, M.A., *Editor asociado*
Kevin Panter, *Diseñador gráfico superior*
Jill Malcolm, *Diseñadora gráfica básica*

Créditos de imágenes: portada, pág.1 Isaac Mok/Shutterstock; págs.2–3 Photocritical/Shutterstock; pág.14 Design Pics Inc/Getty Images; todas las demás imágenes provienen de iStock y/o Shutterstock.

Library of Congress Cataloging-in-Publication Data

Names: Avery, Logan, author.
Title: Exploremos los acuarios : resta / Logan Avery.
Other titles: Exploring aquariums. Spanish
Description: Huntington Beach, CA : Teacher Created Materials, 2019. | Series: Tu mundo | Includes index. | Audience: K to grade 3. |
Identifiers: LCCN 2018055920 (print) | LCCN 2019002652 (ebook) | ISBN 9781425823054 (eBook) | ISBN 9781425828431 | ISBN 9781425828431¬q(pbk.)
Subjects: LCSH: Public aquariums--Juvenile literature. | CYAC: Aquariums.
Classification: LCC QL78 (ebook) | LCC QL78 .A83518 2018 (print) | DDC 597.177073--dc23
LC record available at https://lccn.loc.gov/2018055920

Teacher Created Materials
5301 Oceanus Drive
Huntington Beach, CA 92649-1030
www.tcmpub.com

ISBN 978-1-4258-2843-1

Printed in Malaysia
Thumbprints.23398

Contenido

Historias de peces

¿Quiénes viven en los **acuarios**? Los peces. Y otros animales marinos.

Las rayas de aguijón son un tipo de pez en los acuarios.

Los animales tienen todo lo que necesitan. Tienen agua limpia. Tienen buena comida. También tienen **compañía**.

Dos niños ven los peces nadar.

Este gran acuario
tiene muchos tipos
de animales marinos.

Animales del acuario

Esta **pecera** tiene peces payaso. El pez payaso vive con otro animal marino. Se llama **anémona**.

¡HAGAMOS MATEMÁTICAS!

Los peces payaso viven cerca de los **arrecifes de coral**. Había 9 peces payaso cerca del arrecife. Luego, 2 peces payaso se alejaron nadando. ¿Cuántos peces payaso hay cerca del arrecife ahora? Usa las imágenes para resolverlo.

dragón marino común

Estas peceras tienen dragones marinos. Parecen plantas **flotantes**. Un **depredador** puede pensar que son plantas, no comida.

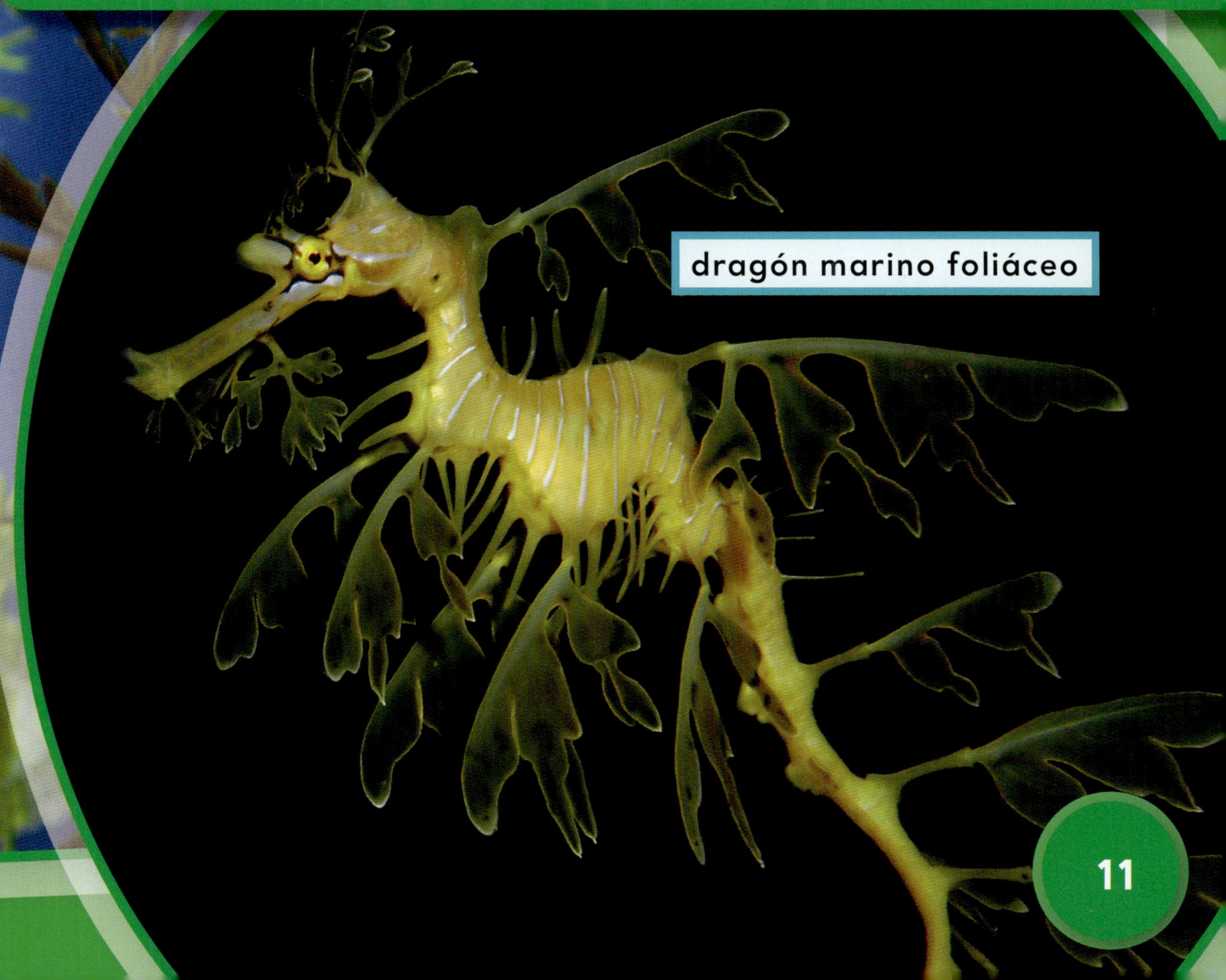

Hay pingüinos en los acuarios. Necesitan mucho espacio. Necesitan agua y suelo.

Este pingüino se sumerge en el agua.

¡HAGAMOS MATEMÁTICAS!

Hay 17 pingüinos sobre el suelo. Algunos se sumergen en el agua. Luego hay 8 pingüinos sobre el suelo. ¿Cuántos pingüinos se sumergieron en el agua? Haz dibujos o coloca cubos en un modelo de parte-parte-todo para resolverlo. Escribe una ecuación para demostrar tu razonamiento.

Todo ☐	
Parte ☐	**Parte** ☐

Estos pingüinos se reúnen en un suelo rocoso.

Las nutrias marinas también usan el agua y el suelo. Se quedan cerca unas de otras. Las nutrias se toman de las patas mientras flotan.

Esta nutria marina descansa en las rocas.

Las medusas parecen flotar en el aire. Pero están en el agua. Parecen bailarinas.

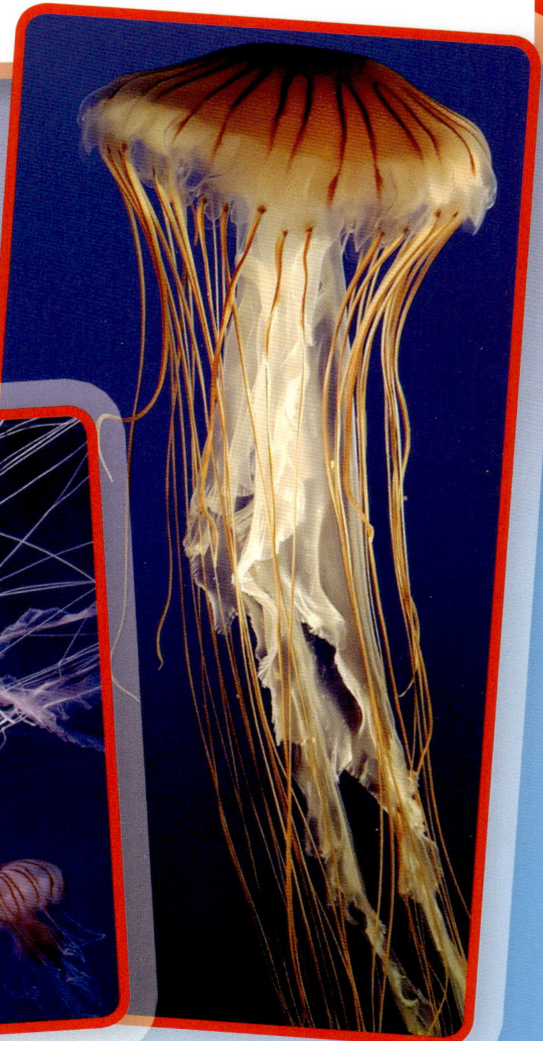

¡HAGAMOS MATEMÁTICAS!

Las medusas pueden ser de diferentes colores. Hay 8 medusas azules. Hay 12 medusas rosas. ¿Cuántas medusas rosas más que azules hay? Usa el modelo de barras para resolver el problema.

		?
medusas azules	8	
medusas rosas	12	

¡Vuelve pronto!

Es divertido ver los animales en los acuarios. ¡Tal vez a ellos también les guste verte a ti!

Los acuarios nos enseñan sobre muchos tipos de animales marinos.

Resolución de problemas

Amadi visita un acuario. Primero, ve 15 peces payaso. Luego, ve otros animales marinos. Usa las pistas para descubrir cuántos animales ve de cada tipo. Usa imágenes, palabras o números para explicar tus respuestas en las oraciones. Luego, responde la pregunta.

1. Amadi ve ______ medusas porque ______.

2. Amadi ve ______ dragones marinos porque ______.

3. ¿Cuántas medusas más que dragones marinos ve Amadi?

Pistas

- Amadi ve 9 medusas menos que peces payaso.
- Amadi ve 4 dragones marinos menos que medusas.

Glosario

acuarios: lugares que las personas pueden visitar para aprender sobre plantas y animales acuáticos

anémona: un animal marino que se parece a una flor y vive en los arrecifes de coral

arrecifes de coral: largas hileras de coral en el mar en aguas poco profundas

compañía: otra persona o animal con quien alguien o algo se reúne por amistad o seguridad

depredador: un animal que caza a otros animales como alimento

flotantes: que se mueven suavemente en el agua o sobre esta

pecera: un recipiente para tener peces

Índice

Soluciones

¡Hagamos matemáticas!

página 9:

7 peces payaso

página 13:

9 pingüinos;
17 – 8 = 9

página 17:

4 medusas rosas más que azules

Resolución de problemas

1. 6; las explicaciones variarán
2. 2; las explicaciones variarán
3. 4 medusas más que dragones marinos